L'AUDIENCE DU PRINCE,

COMÉDIE-VAUDEVILLE EN UN ACTE,

PAR MM.

DE VILLENEUVE, ANICET-BOURGEOIS, ET CHARLES DE***,

REPRÉSENTÉE, POUR LA PREMIÈRE FOIS,
SUR LE THÉATRE DU PALAIS-ROYAL,
LE 6 JUIN 1831.

PRIX : 1 FR. 50 C.

PARIS.
QUOY, LIBRAIRE-ÉDITEUR,
AU MAGASIN GÉNÉRAL DE PIÈCES DE THÉATRE,
boulevard Saint-Martin, n° 18.

BARBA, LIBRAIRE,
PALAIS-ROYAL, GRANDE COUR, DERRIÈRE LE THÉATRE FRANÇAIS.

1831.

PERSONNAGES.	ACTEURS.
LE GRAND-DUC	M. Auguste.
Le Comte DE LINSBOURG, ancien conseiller-aulique.....	M. Dormeuil.
Le Baron DE WURMSER....	M. Reynier.
FRÉDÉRIC, page du Grand-Duc et neveu de Wurmser.......	Mlle Virg^e Dejazet.
La Comtesse DE LINSBOURG.	Mlle Pernon.
ANNA, femme-de-chambre de la Comtesse	Mlle Levasseur.
Suite du Prince.	
Personnes invitées.	

La Scène se passe chez la Comtesse, dans une maison de plaisance, aux portes de la ville.

IMPRIMERIE DE CHASSAIGNON, rue Git-le-Cœur, n. 7.

L'AUDIENCE
DU PRINCE,
COMÉDIE-VAUDEVILLE EN UN ACTE.

Le Théâtre représente un salon élégant. — Au fond, la porte d'entrée. — A droite, celle d'une chambre à coucher. — Dans le fond, à gauche, une petite porte donnant sur un escalier dérobé. — A droite, sur le devant de la scène, un bureau.

SCÈNE PREMIERE.

ANNA, *puis* FRÉDÉRIC.

ANNA, *parlant à la cantonade, et tenant entr'ouverte la porte de la chambre à coucher.*

Oui, madame la comtesse... vous n'y êtes pour personne... et je vais consigner tout le monde.

FRÉDÉRIC, *entrant par la porte du fond, qu'il ouvre à deux battans.*

Excepté moi, ma petite Anna.
ANNA.
Monsieur Frédéric!...
FRÉDÉRIC.
Où est ta maîtresse?
ANNA, *hésitant.*
Mais, Monsieur...
FRÉDÉRIC.
Elle sera visible pour moi, je pense... quand elle saura que je viens de la part de Son Altesse.
ANNA.
Le Grand-Duc!...
FRÉDÉRIC, *avec importance.*
Lui-même... Dont j'ai l'honneur d'être le page de confiance.

ANNA.

Serait-ce pour la grâce de M. le comte ?

FRÉDÉRIC, *de même.*

Vous êtes un peu curieuse, ma chère enfant..... Vous sentez bien que je ne vais pas mettre une petite fille comme vous dans la confidence des affaires d'Etat...

ANNA.

Oh! vous n'étiez pas si fier autrefois, quand vous habitiez cette maison de plaisance avec votre oncle... le baron de Wurmser... alors j'étais votre confidente!...

FRÉDÉRIC.

Oui... autrefois!... quand j'étais petit!... Mais à présent que je suis un homme... que je jouis d'une certaine considération auprès de mon souverain... Au surplus, je doute fort qu'il s'agisse du rappel de M. le comte de Linsbourg, après l'offense qu'il a faite au père du Grand-Duc actuel.

ANNA.

Quelle offense ?

FRÉDÉRIC.

Oh! c'est très-sérieux..... Tu sais que M. le comte est passablement brusque et emporté...

ANNA, *avec un sourire, et regardant du côté de la chambre à coucher.*

Je ne le connais pas.

FRÉDÉRIC.

Ni moi non plus... Pourtant j'en ai beaucoup entendu parler à la cour... c'est un original... dans le genre de mon oncle... au mérite près... Car entre nous, ce cher baron de Wurmser n'est pas fort...

ANNA.

Eh bien ?

FRÉDÉRIC.

Eh bien! figure-toi qu'un jour, en plein conseil, M. de Linsbourg a tenu tête au feu Grand-Duc, et qu'entraîné par la chaleur de la discussion, il lui a adressé trois épithètes fort inconvenantes...

ANNA.

Lesquelles donc ?

FRÉDÉRIC.

La première passe encore... Il lui a reproché d'être injuste...

ANNA.

Vraiment!

FRÉDÉRIC.

La seconde... c'est un peu plus fort : il l'a appelé entêté!

ANNA.

Oh! mon dieu!... Et la troisième?

FRÉDÉRIC.

Oh! la troisième, ça passe la permission. Il l'a traité de... Je n'oserai jamais répéter ce mot-là... Tout ce que je peux te dire, c'est qu'on prétend que ça finissait en *nache!*

ANNA.

Je ne comprends pas?

FRÉDÉRIC.

C'est possible..... Mais il paraît que le feu Grand-Duc avait parfaitement compris.

Air du Vaudeville de la fille de l'Apothicaire.

Car aussitôt il l'exila
Pour punir son impertinence ;
Des outrages tels que ceux-là
Ne méritaient pas moins, je pense.
Trois ans loin de notre duché
Calmeront sa mauvaise tête ;
Il en est quitte à bon marché,
Ce n'est qu'un an par épithète.

On le fit conduire au-delà de nos frontières, et s'il revenait avant ses trois ans...

ANNA.

Que lui ferait-on?

FRÉDÉRIC.

On le mettrait dans une prison d'état, pour dix ans peut-être.

ANNA.

Ma pauvre maitresse!... Comme c'est triste pour elle, être mariée, et avoir trois ans à vivre toute seule à la campagne...

FRÉDÉRIC.

Toute seule?

ANNA.

Mon dieu oui..... Depuis deux mois qu'elle a acheté à monsieur votre oncle, cette propriété aux portes de la ville, elle n'a voulu y recevoir personne... Elle a même congédié tous ses gens...

FRÉDÉRIC.

C'est singulier..... un pareil isolement à son âge..... hom!.....

ANNA.

Comment, Monsieur, pourriez-vous supposer que ma maitresse... Une personne qui a des principes si sévères!

FRÉDÉRIC.

Moi je ne suppose rien du tout..... Seulement il y a au bout du jardin un petit pavillon où la comtesse, m'a-t-on dit, s'enferme très-souvent.

ANNA, *troublée*.

Dans le pavillon... Non, Monsieur, jamais...

FRÉDÉRIC.

C'est peut-être pour rêver plus librement à son mari... Allons, allons, n'imite pas ta maitresse, ne fais pas la prude, et va la prévenir de mon arrivée.

AIR : *Des ventes à l'enchère.*

Va, ton air discret
Cache un secret ;
Mais ta finesse
Ne peut m'échapper,
Ni me tromper
Sur ta maitresse.

ANNA.

J'réponds d'ell' comme de moi.

FRÉDÉRIC.

Quelle assurance !
C'est déjà, je pense,
Assez de répondre pour toi.

ENSEMBLE.

Va, ton air discret, etc.

ANNA.

Quel mauvais sujet !
J'n'ai pas d'secret
Ni de finesse ;
Je n'veux vous duper
Ni vous tromper
Sur ma maitresse.

SCENE II.

FRÉDÉRIC, seul.

Voyez-vous comme les femmes se soutiennent... C'est égal, on ne m'ôtera pas de l'idée que madame la comtesse !... Avec quel plaisir je la trouverais en défaut... comme j'aimerais à me venger de son dédain.... surtout dans ce salon, qui en fut témoin... car c'est bien ici, qu'il y a six mois, je fus présenté par mon oncle à madame de Linsbourg... Je reconnais encore le fauteuil où elle aimait à s'asseoir pour écouter ces histoires d'amour que j'inventais pour elle... la guittare sur laquelle j'accompagnais cette romance si expressive !... Voilà l'endroit ou d'un ton pathétique j'osai lui faire les plus tendres aveux... et voilà la porte où finit ma déclaration... c'est avec elle qu'on me ferma la bouche... Elle ne se serait jamais r'ouverte pour moi ! mais tout a dû céder à l'ambassadeur du prince... et grâce au message dont je suis chargé, l'orgueilleuse comtesse sera bien forcée de me recevoir... Je ne serais pas fâché non plus de lui faire voir qu'on a acquis une certaine tournure... depuis qu'on a été admis dans les pages de Son Altesse..... Au fait, elle ne m'a pas encore vu avec mon uniforme... Je suis sûr qu'elle va avoir des regrets !...

Air nouveau de M. A. Panseron.

Au bal, lorsque je me présente,
J'entends chacun autour de moi
Dire : quelle mise élégante !
C'est au moins le page d'un roi !
Quel honneur !
Quel bonheur !
Ce murmure approbateur,

Tout bas fait battre mon cœur.
Quel honneur !
Quel bonheur
Pour le page de monseigneur !

Ah ! vive l'habit militaire !
Il sert et la gloire et l'amour,
Par lui l'on sait vaincre à la guerre,
On sait plaire à la cour !

Même air.

Le jour de la dernière fête
J'étais si léger en valsant,
Que j'avais fait tourner la tête
A la femme d'un chambellan.
Quel honneur !
Quel bonheur !
Rien que mon air séducteur
M'avait gagné plus d'un cœur.
Quel honneur !
Quel bonheur
Pour le page de monseigneur !

Ah ! vive l'habit militaire ! etc.

SCENE III.

FRÉDÉRIC, LA COMTESSE, ANNA.

LA COMTESSE, *sortant avec Anna de la chambre à coucher.*
Comment, monsieur Frédéric, vous ici !
FRÉDÉRIC, *saluant.*
Veuillez m'excuser, madame la comtesse, si j'ose me présenter devant vous, malgré la consigne !... Mais le message dont je suis porteur...
LA COMTESSE.
Un message !...
FRÉDÉRIC, *à part.*
Tâchons d'être seul avec elle. (*A Anna.*) Vous, mon enfant, vous pouvez vous retirer, je n'ai plus besoin de vous.
ANNA.
Mais je pensais que madame la comtesse...

FRÉDÉRIC.

Sortez, Anna... La mission dont je suis chargé demande quelque mystère... et vous concevez que votre présence serait incompatible..... Retirez-vous, petite.

ANNA.

Puisqu'il le faut, j'obéis à monsieur l'ambassadeur.

(*Elle salue et sort.*)

SCENE IV.

LA COMTESSE, FRÉDÉRIC.

LA COMTESSE, *à part.*

Ce mystère... soupçonnerait-on !... (*Haut.*) De grâce, monsieur Frédéric, faites-moi connaître le motif qui vous amène chez moi ?

FRÉDÉRIC.

J'y viens de la part de Son Altesse... « Frédéric, m'a-t-elle dit ce matin à son petit lever, monte à cheval, et dans un quart-d'heure sois chez la comtesse de Linsbourg... En dix minutes j'étais arrivé... devant cette porte... fatale... qui n'a dû s'ouvrir qu'au nom du prince, et devant mon grand uniforme.

Air Duo d'Adam.

Bravant un ordre rigoureux,
J'ose encor paraître en ces lieux !

LA COMTESSE.

Parlez...

FRÉDÉRIC.

Du prince je suis premier page,
Ce titre a comblé tous mes vœux.

LA COMTESSE.

Eh bien ?

FRÉDÉRIC.

Je dois vous offrir ce message,
C'est un billet que ce matin
Mon maître a tracé de sa main.

LA COMTESSE.

Quoi ! ce billet serait pour moi ?

FRÉDÉRIC, *lui remettant la lettre, à part.*

Eh mais, je croi
Sa main tremble d'effroi.
Bravo, ma tournure
Produit son effet.
Elle a, je le jure,
Déjà du regret !
Mon cœur me l'assure,
Déjà ma figure,
Comme ma tournure,
Produit son effet !

LA COMTESSE.

Ah ! j'en suis sure,
Cette aventure
Cache un secret ;
Car ce billet
Doit être l'augure
De quelque bienfait.

(*La comtesse après avoir parcouru le billet.*)

Se peut-il ? que viens-je de lire ?
Quoi ? le prince se rend ici ?

FRÉDÉRIC, *à part.*

Comment ?... l'aimerait-il aussi ?

LA COMTESSE, *à part.*

Que faire ? ô ciel !

FRÉDÉRIC.

Au duc, que faut-il dire ?

LA COMTESSE, *cherchant à se remettre de son trouble.*

Que, fière d'un si grand honneur,
Ici j'attendrai monseigneur.

FRÉDÉRIC.

Je vais donc repartir.

LA COMTESSE, *à part.*

Comment ferais-je ? hélas !

FRÉDÉRIC, *à part.*

Elle a vu l'uniforme, et ne me retient pas !

LA COMTESSE.

Partez, Monsieur.

FRÉDÉRIC, *à part.*

Voilà la fin de l'aventure!
Ni l'écharpe, ni la ceinture
N'ont rendu l'accueil plus flatteur.
Ah! c'est vraiment un déshonneur
Pour le page de Monseigneur.

ENSEMBLE.

FRÉDÉRIC.

Hélas! ma tournure
Manque son effet!
Elle a, je le jure,
Bien peu de regret!
Mon cœur me l'assure,
Hélas! ma figure
Comme ma tournure,
Manque son effet!

LA COMTESSE.

Ah! j'en suis sure,
Cette aventure
Cache un secret;
Car ce billet
Doit être l'augure
De quelque bienfait!

FRÉDÉRIC, *en sortant, à part.*

Allons, décidément mon esprit n'a pas plus de succès que mon uniforme... Il faudra que je me venge de cette femme-là!.....

SCÈNE V.

LA COMTESSE, *seule.*

Il va venir, m'écrit-il; il veut, en m'accordant l'audience que je sollicite, revoir une ancienne amie d'enfance..... (*Avec un sourire.*) Oui, je me souviens de ce temps où, toute entière à mes illusions, je ne songeais pas qu'un jour ce rêve de bonheur devait s'évanouir. Il a fini, mais trop tard, hélas! pour mon repos; ce temps a laissé dans mon cœur une trace qui ne peut s'effacer... et tout-à-l'heure, celui que j'ai tant aimé... sera là près de moi..... Ah! je n'ai pas oublié l'impression que son nom seul produisit sur moi le jour que je l'entendis annoncer dans le salon de la duchesse de Valstein... Je ne puis rendre ce qui se passa dans mon cœur... trois années s'étaient écoulées depuis notre séparation... Avec quel plaisir mes yeux se reposèrent sur lui... Mais cet éclair de bonheur s'évanouit, quand je vis briller sur sa poitrine ces ordres insignes de puissance qui l'avaient éloigné de moi... Confondue dans la foule où je me cachais, j'évitai ses regards, et je partis sans qu'il m'eût aperçue... En rentrant ici, je n'étais pas contente de moi.

(*Elle laisse tomber sa tête sur une de ses mains.*)

SCENE VI.

LA COMTESSE, LE COMTE.

LE COMTE, *dans la chambre à coucher, et entr'ouvrant la porte.*

Amélie!

LA COMTESSE, *cachant la lettre dans son sein avec précipitation.*

Ah! mon dieu! Monsieur, vous m'avez fait peur!...

LE COMTE, *entrant.*

Tu es... seule...

LA COMTESSE.

Oui... en ce moment... mais bientôt, mon ami, il faut retourner à votre pavillon.

LE COMTE.

Ma foi non... Quand j'y reste enfermé seulement quelques heures.... mes idées noires reviennent en foule... il me prend envie de courir au Palais, de prouver devant toute la Cour que mon système sur les finances était excellent.... et de répéter vingt fois à son Altesse, en présence de tous ses courtisans, que son père, en repoussant mes idées, a été injuste, entêté... et même... enfin comme je l'ai dit...

LA COMTESSE, *l'arrêtant.*

Ah! Monsieur, y pensez-vous?...

LE COMTE.

Rassure-toi, ma bonne amie... en ta présence ma colère s'en va, et je ne pense plus qu'au plaisir de me trouver en secret près de ma femme... Quand je réfléchis à tous les dangers que j'ai affrontés pour cela!

AIR : *De sommeiller encor, ma chère.*

Fatigué d'une longue absence,
Dans mon exil, à toi pensant toujours,
J'ai tout bravé, j'ai franchi la distance,
Pour retrouver ici quelques beaux jours ;
Plus que jamais je sens que je t'adore,
Depuis que je suis revenu ;
Chez un mari l'amour augmente encore
Lorsque c'est du fruit défendu.

LA COMTESSE.

Mais, monsieur le comte, songez à votre sûreté... si l'on vous surprenait...

LE COMTE.

Et qui?... N'as-tu pas consigné tout le monde?... Anna seule est dans le secret, et nous sommes sûrs d'elle. D'ailleurs, moi j'adore tout ce qui est original, et je trouverais piquant de passer pour l'amant de ma femme... Depuis huit jours il me semble que je suis en bonne fortune !

LA COMTESSE.

Eh bien ! je dois vous le dire, c'est que j'attends une visite... ce matin même, et...

LE COMTE.

Vraiment? Et qui donc vient te voir dans ta retraite?... serait-ce une des dames de la Cour?

LA COMTESSE, *embarrassée.*

Non, mon ami.

LE COMTE.

Ah! j'y suis ; c'est mon successeur au Conseil... ce pauvre baron de Wurmser qui vient te demander de mes nouvelles... Depuis que j'ai quitté Prague, il n'a pas reçu un seul message de moi... Son travail diplomatique doit être furieusement arriéré.

LA COMTESSE, *de même.*

Ce n'est pas non plus le baron.

LE COMTE.

Bah!... Mais enfin qui donc ça peut-il être ?

LA COMTESSE, *de même.*

Un personnage beaucoup plus important daigne aujourd'hui...

LE COMTE.

Daigne?... Oh! oh!... Quel est donc celui dont la comtesse de Linsbourg parle avec tant de respect ?

LA COMTESSE.

Monsieur le comte, c'est votre souverain.

LE COMTE.

Le Grand-Duc !

LA COMTESSE.

Air Vaudeville du Baiser au Porteur.

De lui j'attends une audience ;
Car aujourd'hui, pour mon époux,
J'aurai recours à sa clémence.

LE COMTE.

Eh quoi, Madame, y pensez-vous ?

LA COMTESSE.

J'espère appaiser son courroux,
Sur l'oubli du passé je compte.

LE COMTE.

Aller implorer son pouvoir,
Pour moi ce serait une honte.

LA COMTESSE.

Oui ; mais pour moi c'est un devoir.

LE COMTE.

J'espère pourtant, Madame, qu'il n'en sera rien... Supplier ce petit prince sans cervelle, qui déjà marche sur les traces de son père... j'aimerais mieux retourner pour dix ans dans mon exil que de devoir ma liberté... à une grâce.... Non, Madame; et je pense...

LA COMTESSE.

Je pense aussi, mon ami, que vous vous rendrez à ma prière, en songeant que lui-même a oublié, pour nous, son titre et son rang. La démarche qu'il veut bien faire...

LE COMTE.

En effet, c'est déjà quelque chose... Il est poli du moins... il vaut mieux que son père, qui ne l'était pas du tout. Mais s'il te refuse... que feras-tu ?

LA COMTESSE.

Nous repartirons ensemble pour votre exil.

SCÈNE VII.

LES MÊMES, ANNA.

ANNA, *accourant.*

Madame la comtesse ! la voiture du prince est au bout de l'avenue ; il est accompagné par quelques gens de sa suite.

(*Elle sort.*)

LA COMTESSE.

Mon ami, de grâce... vous n'avez pas un instant à perdre.

LE COMTE.

Soyez tranquille, par le petit escalier dérobé, je ne serai pas vu. Je vais m'enfermer dans le pavillon du parc, terminer les rapports de ce pauvre Wurmser... Adieu, je me sauve.

(*Le comte sort par la petite porte de gauche.*)

SCÈNE VIII.

LA COMTESSE, *puis* LE PRINCE, WURMSER, FRÉDÉRIC, Suite.

CHŒUR.

AIR : *Ouverture du deuxieme acte de la Neige.*

Dans cet humble séjour,
Loin du bruit de la cour,

Notre prince lui-même,
Quittant le rang suprême,
Vient rendre à la beauté
Un honneur mérité.

LE PRINCE. — *Quelques officiers l'ont précédé.* — *En entrant il salue gracieusement la comtesse.*

Pardonnez, Madame la comtesse, si je trouble aujourd'hui votre solitude; mais puisque vous persistez à fuir la Cour, il faut bien que la Cour vienne vous trouver.

LA COMTESSE.

Je sens tout le prix de la faveur que son Altesse daigne m'accorder; mon seul regret est de ne pouvoir lui faire un accueil digne d'elle... Cette modeste habitation...

LE PRINCE.

M'a paru charmante ! J'avais souvent promis au baron de Wurmser de la visiter, quand elle lui appartenait, et je me félicite maintenant d'avoir différé si long-temps à tenir ma parole...

WURMSER, *s'inclinant.*

Je suis confus des bontés de votre Altesse...

FRÉDÉRIC, *à part.*

Tiens, mon oncle, qui prend ça pour un compliment.

LE PRINCE.

Je veux tout visiter en détail. J'ai même conçu une espérance que Madame de Linsbourg ne m'empêchera pas de réaliser... celle de lui offrir ici, aujourd'hui même, une fête improvisée.

LA COMTESSE, *à part.*

Une fête ! grand dieu! dans quel moment !

LE PRINCE.

Madame voudra-t-elle m'autoriser à recevoir chez elle quelques personnes de ma Cour, qui regretent comme moi de ne plus la voir... Mais pas de gêne, d'étiquette... le plaisir seul présidera à cette réunion... il est si rare pour moi... et pour vous, sans doute.

LA COMTESSE, *à part.*

Le refuser, ce serait lui donner des soupçons... (*Haut.*) Votre Altesse peut disposer de ma maison.

LE PRINCE.

Mon cher baron...

WURMSER, *s'inclinant profondément.*

Altesse...

LE PRINCE.

Puisque Madame de Linsbourg y consent, c'est vous que je charge de faire les invitations dont je vous ai déjà parlé.

WURMSER.

Il suffit, prince... je vais remplir ce message avec empressement.

FRÉDÉRIC, *à part.*

Je me ferai ouvrir le pavillon !

LE PRINCE.

Mais avant, je dois me rappeler que j'ai promis à madame la comtesse de l'entendre, et je veux avant tout remplir ce devoir : L'exactitude est la politesse des rois !

WURMSER, *à part.*

Ces bons princes, ils disent tous la même chose... ça ne les empêche pas de faire attendre !...

Reprise du Chœur.

Dans cet humble séjour,
Loin du bruit de la cour,
Notre prince lui-même,
Quittant le rang suprême, etc.

SCENE IX.

LE PRINCE, LA COMTESSE.

LE PRINCE, *à part.*

Enfin nous voilà seuls ! (*Haut.*) Maintenant, Madame, je suis prêt à vous entendre.

LA COMTESSE, *à part.*

Mon dieu ! comme je tremble ! (*S'inclinant devant le prince.*) Monseigneur...

LE PRINCE, *la retenant.*

Que faites-vous, Madame ?

Air Vaudeville du Piége.

Une femme oublier ses droits,
Pour mon rang point de déférence ;

Vous m'avez souvent autrefois
Témoigné plus de confiance ;
Dans vos chagrins, loin de trembler ainsi,
Auprès de moi vous cherchiez un refuge.

LA COMTESSE.

J'étais alors près d'un ami ;
Mais aujourd'hui je suis devant un juge.

LE PRINCE.

Moi, Madame?...

LA COMTESSE.

N'êtes-vous pas l'arbitre du sort de mon mari? ce serviteur dévoué que son zèle égara, peut-être, n'obtiendra-t-il jamais son pardon? Monseigneur, c'est à genoux que je l'implore... D'un mot vous pouvez rendre mon époux à sa patrie, au bonheur, refuserez-vous de le prononcer?

LE PRINCE.

Amélie, écoutez-moi (*Il la fait asseoir.*) Si le comte m'avait offensé moi-même, j'aurais été au-devant de vos vœux... j'aurais pardonné... Mais mon père fut outragé, et, quoiqu'il m'en puisse coûter, je dois à sa mémoire de respecter le jugement qu'il a rendu.

LA COMTESSE.

Vous me refusez?...

LE PRINCE.

Le comte de Linsbourg ne reverra sa patrie qu'après avoir accompli le temps de son exil ; et, s'il y rentrait malgré mon ordre, je me verrais forcé de l'abandonner à la rigueur des lois.

LA COMTESSE.

Certaine maintenant de ne pouvoir faire révoquer son arrêt, j'irai donc le rejoindre.

LE PRINCE.

O ciel!... Amélie, vous ne me punirez pas aussi cruellement d'avoir rempli un pénible devoir... En venant ici j'ai cru que j'adoucirais la dûreté de mon refus, j'espérais que vous me pardonneriez, ou plutôt........ tenez, je vous trompais, je m'abusais moi - même,......... Ce qui m'entraîna fut le désir insurmontable de vous revoir, de vous parler, de retrouver un de ces momens de bonheur que mon rang, que ma puissance m'ont enlevés, et qu'ils ne me rendront jamais.

LA COMTESSE.

Prince, ce langage...

LE PRINCE.

Amélie, n'avez-vous donc jamais regretté ces jours écoulés près de ma mère, qui voulut elle-même former votre jeunesse?

LA COMTESSE, *avec un soupir.*

Votre mère!

LE PRINCE.

Ne vous souvenez-vous plus de nos entretiens, de nos promenades sur le lac, et de cet orage qui vous causa tant d'effroi... « Nous allons périr, » disiez-vous. Alors il n'y avait plus de rang, de distance entre nous. Je vous tenais pressée sur mon cœur, je sentais les battemens du vôtre... Tous ces souvenirs sont restés gravés là... Sont-ils donc effacés même de votre mémoire?

LA COMTESSE.

Non, Monseigneur... et je n'ai pas oublié non plus les paroles que ce jour même votre mère daigna m'adresser; elle avait remarqué mon trouble, ma rougeur... « Mon
» enfant, » me dit-elle en rentrant au palais, « vous n'êtes
» pas assez noble pour être la femme d'un souverain; mais
» vous l'êtes trop pour devenir sa favorite. » Je la compris; je baignai de larmes sa main qui pressait la mienne. Un mois après j'étais comtesse de Linsbourg.

Air Vaudeville du Maître du Château.

De ces conseils, donnés à ma jeunesse,
Plus que jamais je dois me souvenir;
Car ce jour là son active tendresse
Semblait penser même à mon avenir;
Craignant pour moi quelque piége perfide,
Elle m'offrit elle-même un époux;
Si près de nous nous n'avons plus ce guide,
La haut sans doute il veille encor sur nous,
Il doit encor la haut veiller sur nous.

SCÈNE X.

LES MÊMES, WURMSER.

WURMSER, *un papier à la main, et entr'ouvrant la porte avec précaution.*

Altesse...

LE PRINCE.

Qui vient ici?

WURMSER.

C'est moi, Altesse... qui venais... si toutefois il n'y a pas d'indiscrétion... pour vous présenter cette liste des personnes que vous daignez...

LE PRINCE, *cachant son impatience.*

Il suffit, baron, je m'en rapportais absolument à vous.

WURMSER, *à part.*

Ce bon prince!... quelle confiance illimitée!... C'est égal, je suis sûr qu'il me sait gré de ma démarche!

LE PRINCE.

Madame de Linsbourg me permettra-t-elle maintenant de visiter son parc; je suis curieux de connaître cette retraite où elle a voulu se cacher à tous les yeux.

LA COMTESSE, *à part.*

O ciel! s'il découvrait!...

WURMSER.

Altesse, je vous recommande surtout le pavillon des peintures, au bout de l'avenue de Maronniers.

LA COMTESSE, *à part.*

Et le comte!... Quel nouvel embarras!

WURMSER.

Vous y verrez une foule d'allégories fort remarquables, et toutes de ma création... Par exemple, le portrait de votre auguste père, à l'huile et en pied, sous le costume de Jupiter, avec une perruque à la Louis XIV, et tenant à la main un rapport sur les finances... Je crois cette composition des plus ingénieuses.

LE PRINCE.

A propos de rapport... Wurmser, et celui que je vous demande depuis si long-temps sur la réduction des impôts...

WURMSER, *à part.*

Ah! mon dieu! j'avais bien besoin de lui parler de Jupiter!... (*Haut.*) Altesse, il est terminé... j'aurai l'honneur de vous le remettre.

LE PRINCE.

Ce soir... n'y manquez pas, songez que mes sujets attendent.

WURMSER.

En bonne politique, il n'y a pas de mal.

LE PRINCE.

Venez, Madame, allons examiner l'ingénieuse allégorie du pavillon des peintures !

AIR : *Tout vient redoubler ma tristesse.* (Une Faute.)

ENSEMBLE.
{
LE PRINCE.
Du bonheur, ô douce espérance,
A mon cœur ici viens t'offrir !
Et des beaux jours de notre enfance,
Retrace nous un souvenir.
LA COMTESSE.
Par une fatale imprudence
Songeons à ne pas nous trahir ;
Devant lui gardons le silence,
Qu'il ne puisse rien découvrir.
WURMSER.
De Son Altesse ici, je pense,
J'aurai bien rempli le désir,
Par mon zèle et par ma prudence,
Je saurai bientôt parvenir.
}

LE PRINCE.

Allons, vite, partons, venez, belle comtesse.

LA COMTESSE, *à part.*

Effaçons de mon cœur mes rêves de jeunesse,
Et qu'il ne puisse au moins deviner ma tendresse.
Ah ! sauvons mon mari,
Mon devoir est rempli.

ENSEMBLE.

LE PRINCE.

Du bonheur, ô douce espérance ! etc.

LA COMTESSE.

Par une fatale imprudence, etc.

WURMSER.

De son altesse ici, je pense, etc.

(*Le Prince offre sa main à la Comtesse, et sort.*)

SCENVE XI.

WURMSER, seul.

Bravo ! les voilà partis... Dieux ! comme le prince sera flatté en entrant dans le pavillon !.... En vérité, je suis un courtisan bien subtil... Oh ! je ferai mon chemin... Oui, mais pour cela il faudrait commencer par faire mon rapport, et, foi d'homme d'état, je ne sais comment m'y prendre... Voilà quatre jours que je me creuse la tête... que je la frotte tantôt avec une main, tantôt avec l'autre... Eh bien, il ne veut en rien sortir... et ce diable de Linsbourg qui me laisse ainsi dans l'embarras !... lui qui, depuis six mois, m'envoie par la poste, trois fois par semaine, mes rapports tout faits... Il est bien en retard cette fois-ci, mon collaborateur... et cependant je n'ai consenti à prendre sa place auprès du prince, qu'à une seule condition : c'est que de loin il en remplirait les fonctions, pendant que de près j'en toucherais les appointemens... Voilà déjà qu'il manque à nos conventions... Comme c'est agréable ! je suis forcé à présent de faire sa besogne. (*Il tire un papier de sa poche et lit.*) « De la réduction des im- » pôts... » J'ai déjà trouvé le titre... c'est la suite qui m'embarrasse... En bonne politique, je ne vois guère qu'un moyen de réduire les impôts... c'est de les diminuer. Voyons, essayons de nouveau... Justement voilà le bureau de mon ami Linsbourg... J'aurai peut-être des idées dessus ; le mien n'est pas commode pour ça...

(*Il s'assied au bureau.*)

Air de la Sentinelle.

Cherchons encore, et surtout cherchons bien...
Il faut enfin résoudre ce problème.
C'est singulier... mais je ne trouve rien...
Partout, hélas ! je serai donc de même !
   Par Linsbourg, j'ai pourtant vu là
Des questions promptement décidées...
   Voilà bien son bureau... voilà
   Sa plume... Mais qui me dira
   Où diable il a mis ses idées ?

Mon dieu ! mon dieu ! comment faire ?... Linsbourg, mon cher Linsbourg, où es-tu ?

SCÈNE XII.

WURMSER, LE COMTE.

LE COMTE, *entrant d'un air agité.*
Ouf! je l'ai échappé belle!
WURMSER, *se levant précipitamment.*
Qu'entends-je?... C'est lui!... Comment se fait-il?... (*Il le saisit par le bras.*) Mes rapports! mes rapports! mes rapports!
LE COMTE.
Veux-tu bien te taire, malheureux! si tu savais quel danger je viens de courir?... Je n'ai eu que le temps de sauter par la fenêtre du pavillon où j'étais caché...
WURMSER.
Comment? tu étais dans le pavillon?... Et moi qui ai justement envoyé le prince.... En bonne politique, je crois que j'ai fait une bêtise.
LE COMTE.
Heureusement que je l'ai vu venir de loin... J'ai rassemblé mes papiers à la hâte, et il ne trouvera aucun indice...
WURMSER.
Tes papiers!... et les miens?... et ma réduction des impôts?... Ah! mon cher Linsbourg!...

Air du premier prix.

C'est un travail bien difficile,
Et qui m'empêche de dormir...
Je ne vois que ta plume habile
Qui puisse enfin y réussir.
Je me donne une peine extrême;
Mais j'ai vainement essayé...
Au lieu des impôts, c'est moi-même
Qui me suis réduit de moitié.

LE COMTE.
Voilà ton affaire. (*Il lui remet un rouleau de papier.*)
WURMSER, *s'en emparant.*
Vraiment?... Ah! mon ami, mon sauveur, que je t'embrasse!...

LE COMTE.

Chut ! il me semble que j'entends du bruit ! (*Il s'approche de la porte, et écoute.*) Non... je me suis trompé.

WURMSER, *feuilletant les papiers.*

Quel précieux collaborateur !... C'est que tout s'y trouve ; non-seulement le rapport sur les impôts, mais encore celui sur les sels et les tabacs ; celui sur... Tiens, qu'est-ce que c'est donc que ça ?

LE COMTE, *s'approchant d'un air malin.*

C'est une caricature de ma façon, un commencement de vengeance !

WURMSER.

Une caricature ! Voilà déjà que tu recommences, tu es incorrigible... Et sur qui cette carricature ?

LE COMTE.

Sur le Grand-Duc.

WURMSER, *effrayé.*

Ah ! mon dieu ! j'en ai le frisson de la tête aux pieds ; à peine si j'ose... (*Il y porte les yeux avec crainte.*) Il ne vient personne ?

LE COMTE.

Sois tranquille, je veille pour nous deux.

WURMSER.

C'est que tu entends bien qu'en bonne politique je ne voudrais pas me comprpmettre. (*Il regarde de nouveau, partant d'un éclat de rire.*) Ah ! ah ! ah !

LE COMTE.

Eh bien !

WURMSER, *se retournant effrayé.*

Qu'est-ce qui est là ?... Ah ! bon, c'est toi... je peux rire.... Oh ! oh ! oh ! oh !

LE COMTE.

C'est drôle, n'est-ce pas ?

WURMSER.

Ah ! ah ! ah ! ah ! je le crois bien, j'en pleure !... Ah ! ah ! ah ! ah ! ah ! ah !

(*Il se tient les côtés, et tappe des pieds avec force, en continuant de rire aux éclats.*)

FRÉDÉRIC, *en dehors.*

Mon oncle ! mon oncle !

WURMSER, *reprenant aussitôt son sérieux.*

Ah! voici du monde.

LE COMTE.

Je me sauve.

(*Il s'élance vers la chambre à coucher de la comtesse.*)

WURMSER, *courant après lui.*

Va-t-en vite... Eh bien! ta caricature... dis donc, ta carica... (*Frédéric entre par le fond.*)

SCÈNE XIII.

WURMSER, *immobile et tremblant*, FRÉDÉRIC, *entrant vivement.*

FRÉDÉRIC. *Il s'arrête tout court en voyant le comte entrer dans la chambre à coucher.*

Tiens!!! (*A part.*) Un homme dans cette chambre!

WURMSER. *Il a caché la caricature dans les papiers qu'il tient.*

Qu'est-ce que vous venez faire ici, Monsieur?

FRÉDÉRIC.

Moi?... rien... Ah! mon dieu, mon oncle, comme vous êtes pâle.

WURMSER, *balbutiant.*

Je suis pâle, ce n'est pas vrai!

FRÉDÉRIC.

Tiens, vous rougissez maintenant.

WURMSER.

Bah!... Eh bien, quand cela serait, en bonne politique il est permis de changer de couleur.

FRÉDÉRIC.

C'est étonnant, jusqu'à votre voix qui est toute altérée... Vous avez l'air d'un conspirateur.

WURMSER, *effrayé.*

Hein? comment? plaît-il?

FRÉDÉRIC.

Dites-moi donc, mon oncle, vous n'étiez pas seul ici?

WURMSER.

Non... si fait... nous étions... je veux dire j'étais seul, tout-à-fait seul.

FRÉDÉRIC, *à part.*

Il ne ment pas trop mal, mon oncle; il fait des progrès en diplomatie.

WURMSER.

Ah ça! qui peut vous faire supposer?...

FRÉDÉRIC.

Ma foi, vous parliez assez haut...

WURMSER.

Moi!... j'ai parlé haut... Ah! oui, je me rappelle... je me relisais mes rapports... (*A part.*) Suis-je heureux d'avoir trouvé ça!

FRÉDÉRIC.

C'est donc cela qui vous fesait rire aux éclats? Eh bien! il paraît qu'ils sont fièrement comiques, vos rapports!

WURMSER.

Petit impertinent; voyons, après tout, pourquoi viens-tu me déranger? C'est vrai! j'étais là bien tranquille... dans les sels et dans les tabacs... Je m'occupais du peuple.

FRÉDÉRIC.

Je suis bien fâché de vous avoir dérangé, mon oncle... Pour une fois que ça vous arrive...

WURMSER.

Où est le prince?

FRÉDÉRIC.

Dans le pavillon des peintures.

WURMSER.

Dans le pavillon!

FRÉDÉRIC.

Quand il y est entré, je ne sais pourquoi la comtesse a failli se trouver mal.

WURMSER, *à part.*

Ah! mon dieu, le prince aurait-il découvert quelques vertiges... Rendons-nous vite auprès de lui. (*Fausse sortie. A part.*) Un instant... Prenons nos précautions, il ne faut pas qu'il reconnaisse la main de Linsbourg... (*Haut.*) Frédéric, tu n'as rien à faire, amuse-toi à me copier tous ces rapports-là.

FRÉDÉRIC.

Merci, mon oncle !

WURMSER. *Il lui remet le rouleau de papiers que lui a donné Linsbourg.*

Mais du mystère surtout... Ne laisse voir son... mon écriture à personne... (*A part, en sortant.*) Cette pauvre madame de Linsbourg, il faut toute ma diplomatie pour la tirer de là !...

SCENE XIV.

FRÉDÉRIC, *seul.*

Il suffit, mon cher oncle, comptez sur mon exactitude... Enfin me voilà seul... Je voudrais bien savoir quel est le mystérieux personnage qui est entré si précipitamment par cette porte... Un homme dans la chambre à coucher de madame la comtesse !... Mes soupçons étaient fondés !... Comme c'est hypocrite, une femme !...... Voyons si je pourrai........ (*Il regarde par le trou de la serrure.*) Oui, le voilà négligemment étendu sur un sopha; il est là tranquille comme chez lui. Eh bien ! je veux la confondre... C'est si gentil d'ailleurs de prendre une femme à principes en défaut... La preuve est encore là, je vais l'enfermer. (*Il fait faire avec précaution un tour à la clé, et la prend.*) Il ne m'a pas entendu, bon !... Occupons-nous des rapports de mon oncle (*Il les prend, et les feuillette.*) Tiens, qu'est-ce que c'est que ça ? une caricature !... Comment mon oncle se permettrait... est-ce qu'il serait devenu républicain ?... (*Il s'assied. — Il regarde le dessin.*) C'est un oiseau, un grand-duc; il a ses ailes étendues, et semble protéger une constitution, dont une foule de petits personnages, en habits chamarrés, arrachent les feuillets... et le grand-duc laisse faire; il a même l'air de donner aussi quelques petits coups de bec. Mon oncle n'aurait jamais trouvé ça, lui !... Justement parmi ceux qui déplument, je vois là une figure qui ressemble furieusement à la sienne...... c'est elle qui tire le plus fort... Et le prince donc, il y a aussi quelque chose de lui... Ah ! ah ! ah !

SCÈNE XV.

LE PRINCE, FRÉDÉRIC.

(*Frédéric est toujours assis devant la table, occupé à regarder la caricature.*)

LE PRINCE, *paraît préoccupé, et fait signe à deux officiers de sa suite de se retirer.*

Pourquoi donc Amélie voulait-elle m'éloigner sans cesse de ce pavillon? Quand elle m'a quitté, j'ai remarqué son trouble, et je cherche en vain à comprendre...

FRÉDÉRIC, *sans voir le prince.*

Dieu! si Son Altesse se doutait qu'on fait des caricatures sur elle.

LE PRINCE.

Qu'entends-je?

(*Il s'approche du page, et regarde par-dessus son épaule.*)

FRÉDÉRIC.

Vais-je faire courir celle-là... ça sera délicieux. Quelle bonne idée on a eu..... Ah! ah! ah! ah!... (*Il se lève en riant, et en se retournant, se trouve face à face avec le prince.*) Ciel! Son Altesse!

LE PRINCE.

Eh bien! mon cher Frédéric, comme te voilà gai.

FRÉDÉRIC.

Moi... moi... Prince... je vous assure que... (*A part.*) Ah! mon dieu, quel embarras.

LE PRINCE.

De quoi donc riais-tu d'un si bon cœur?

FRÉDÉRIC.

Je crois que Son Altesse s'est trompée, je... je ne riais pas...

LE PRINCE, *s'appuyant sur l'épaule de Frédéric.*

En vérité... J'avais cru voir dans ta main un papier... (*L'apercevant derrière le dos de Frédéric, et le lui prenant.*) Et tiens, justement le voilà.

FRÉDÉRIC.

Aïe! aïe! aïe!

LE PRINCE.

C'est une caricature... et tu me la cachais à moi ; tu sais pourtant que quelquefois j'aime à rire aussi..... Voyons, toi qui es mon page de confiance, tu vas m'en expliquer le sens.

FRÉDÉRIC, *à part*.

Je ne pourrai jamais me tirer de là. (*Haut*.) Je vous jure, Altesse, que je n'ai pas compris...

LE PRINCE.

Ah! tu n'as pas... Eh bien! moi je comprends parfaitement... Tiens, ce grand-duc... c'est moi !... ces habits chamarrés... ce sont mes courtisans... (*Lui frappant sur l'épaule.*) mes pages !... Et même parmi ces figures-là... je crois en reconnaître quelques-unes...

FRÉDÉRIC, *à part*.

Dieu! la figure de mon oncle! (*Haut*.) Prince, daignerez-vous pardonner à un grand coupable.

LE PRINCE.

Oui, je te pardonne... d'ailleurs en ce moment j'ai besoin de toi.... Depuis ce matin, j'ai plusieurs fois remarqué le trouble de madame de Linsbourg... Si jeune, si jolie... abandonnée dans cette solitude...

FRÉDÉRIC.

Est-ce que Monseigneur aurait quelques desseins ?...

LE PRINCE, *sévèrement*.

Frédéric!... le sentiment qu'elle m'inspire est profond, il datte de nos premières années... et tout-à-l'heure, j'ai cru lire dans ses regards...

FRÉDÉRIC.

Quoi, Prince... vous l'aimez... et vous croyez......
(*A part*.) Ah! c'est trop fort; rien ne doit plus me retenir. J'ai à venger... moi, la morale, le mari et le prince. (*Haut*.) Monseigneur...

LE PRINCE.

Qu'as-tu donc?

FRÉDÉRIC.

Madame la comtesse vous trompe.... elle nous trompe tous.

LE PRINCE.
Que veux-tu dire?

FRÉDÉRIC.
J'avais déjà conçu des soupçons, et maintenant j'ai une preuve.

LE PRINCE.
Une preuve!

FRÉDÉRIC.
Depuis quelque temps il paraît qu'un étranger sort du pavillon, traverse le parc à l'entrée de la nuit, et se glisse furtivement dans la maison... Tout-à-l'heure je viens de le voir entrer dans cet appartement.

LE PRINCE.
Un étranger chez elle!

FRÉDÉRIC.
Je l'y ai enfermé; il ne peut sortir que par cette porte, et en voici la clé.

LE PRINCE.
Donne.

FRÉDÉRIC.
La voilà... Votre Altesse pourra facilement se convaincre...

LE PRINCE, *à part*, *tenant la clé.*
Il serait vrai, elle m'aurait trompé à ce point.

FRÉDÉRIC, *qui a été regarder par le fond.*
Voici madame de Linsbourg.

LE PRINCE.
Laisse-nous.

FRÉDÉRIC, *à part.*
Pauvre comtesse..... une femme à principes!... Elles finissent toutes commes ça, c'est bien fait.

SCENE XVI.

LE PRINCE, LA COMTESSE.

LA COMTESSE, *à part*, *sans voir le prince.*
Grâce au ciel, le comte a disparu assez à temps; il sera venu chercher un asyle dans mon appartement... Ciel! le prince!

LE PRINCE, *à part, l'observant.*

Frédéric ne me trompait pas... Son émotion la trahit encore..... Et j'étais dupe de cette austère vertu qu'elle n'affectait que pour mieux m'abuser !

LA COMTESSE, *à part.*

Que faisait-il ici ?

LE PRINCE.

Je comprends maintenant le dédain dont elle m'accablait... Quand un autre... Oh ! je l'en punirai !...

LA COMTESSE.

Pardonnez-moi, Prince, si je vous ai quitté quelques instans, mais...

LE PRINCE.

Des excuses... C'est moi, Madame, qui vous en dois pour vous avoir peut-être importunée par ma présence.

LA COMTESSE.

Ah ! pouvez-vous le penser.

LE PRINCE, *avec un dépit concentré.*

La solitude a quelquefois tant de charmes... L'amour seul a le droit de la troubler, et ce sentiment m'est interdit.

LA COMTESSE.

Je vous en supplie, ne reprenons pas la conversation de ce matin.

LE PRINCE.

Ce mot d'amour vous offense donc bien dans ma bouche ? Toutes nos dames de la cour ne sont pas si sévères, et pourtant l'une d'elles a comme vous son mari dans l'exil... comme vous elle se fait un rempart de ces mots : de devoir, de vertu... elle s'est aussi séparée du monde... mais quelques regards observateurs l'ont suivie dans sa retraite.

LA COMTESSE, *à part.*

Que veut-il dire ?

LE PRINCE.

On croyait cette retraite impénétrable, et cependant on a découvert...

LA COMTESSE.

Quoi donc ?

LE PRINCE.

Vous ne le devinez pas, Madame... D'un pavillon dont l'entrée est toujours interdite ; à la faveur de la nuit, un personnage mystérieux se glisse jusque dans la maison où tout le monde repose.

LA COMTESSE, *à part.*

Ciel!

LE PRINCE.

Quel est cet étranger? L'époux est dans l'exil... un châtiment exemplaire le punirait d'oser rentrer dans sa patrie; ce ne peut donc être lui.

LA COMTESSE, *à part.*

Je suis perdue!

LE PRINCE.

Et le croiriez-vous? cette femme possède dès l'enfance toute la tendresse d'un autre, qui, jaloux de la réputation de celle qu'il adore, n'ose qu'en tremblant lui parler de son amour; la perfide lui oppose sans cesse le nom de son époux... de son époux qu'elle trahit aussi lui-même..... Que pensez-vous de sa conduite, madame la comtesse?

LA COMTESSE, *à part.*

Je crains de me trahir.

LE PRINCE.

Que pensez-vous aussi que doive faire l'homme assez malheureux pour l'aimer, quand il a découvert sa fausseté?

LA COMTESSE.

Il doit la mépriser, et pourtant elle est innocente, peut-être.

LE PRINCE.

Non, Madame; car, si elle n'était pas coupable, pâlirait-elle en m'écoutant?... (*Lui prenant la main.*) Sa main tremblerait-elle dans la mienne?

LA COMTESSE.

Vous me soupçonnez, vous!... Ah! ce dernier coup me manquait!...

LE PRINCE.

Voilà donc le prix que vous réserviez à mon amour!

LA COMTESSE, *à part.*

Si le comte l'entendait!... (*Haut.*) De grâce!...

LE PRINCE.

Non, vous m'écouterez. Ce matin je me sacrifiais au seul homme dont les droits dussent l'emporter sur les miens; maintenant...

LA COMTESSE.

Pour dieu! parlez plus bas...

LE PRINCE, *à part.*

Toujours les regards tournés vers cette porte... C'en est trop!... Je veux à l'instant même...

WURMSER, *en dehors.*

Je vais vous présenter à son Altesse.

LA COMTESSE.

Ciel! la voix du baron! mon époux est sauvé!... Permettez que j'introduise ces dames...

LE PRINCE.

Je défends...

LA COMTESSE.

Pardonnez... Mais je prierai Son Altesse de se rappeler que je suis chez moi... (*Elle ouvre.*)

SCÈNE XVII.

LES MÊMES; FRÉDÉRIC, WURMSER, INVITÉS.

CHŒUR.

Air de Mathilde de Shabran.

Nous accourons tous en ces lieux
Pour plaire à Son Altesse;
Sa présence chez la comtesse
Va combler tous nos vœux.

WURMSER, *saluant d'un air gracieux.*

Ici, prince, permettez-moi
D'introduire...

LE PRINCE.

Silence!

FRÉDÉRIC.

Mon oncle, malgré sa prudence,
S'est compromis, je croi.

REPRISE DU CHŒUR.

Nous accourons tous en ces lieux, etc.

LE PRINCE, *à Wurmser.*

Qui vous a permis d'entrer sans mon ordre?

WURMSER, *tremblant.*

Monseigneur, j'ai cru qu'en bonne politique...

FRÉDÉRIC, *bas à Wurmser.*

Chut!... Mon oncle, prenez garde à ce que vous allez dire...

WURMSER, *regardant autour de lui d'un air étonné.*

Je ne dirai rien.

LE PRINCE.

Madame, l'explication que je vous demande doit avoir lieu sans témoin.

LA COMTESSE.

Je n'aurais pas la force de la supporter.

LE PRINCE.

Je l'exige pourtant. Faites retirer tout le monde, je vous en prie.

LA COMTESSE, *à part.*

Que faire?... Ah! le courage m'abandonne!

WURMSER, *à part.*

Quelle singulière présentation! (*Bas à Frédéric.*) Je ne puis comprendre...

FRÉDÉRIC.

Ce n'est pourtant pas une affaire d'État.

LE PRINCE, *pouvant à peine se contenir.*

Eh! quoi, Madame, vous vous taisez... Vous voulez donc me contraindre?... (*A part, l'observant avec agitation.*) Pas un mot... pas un regard... Quelle fausseté!... (*Haut.*) C'en est trop!... C'est vous, Madame... vous seule qui l'aurez voulu. Wurmser...

WURMSER.

Monseigneur...

LA COMTESSE, *tremblante.*

Que va-t-il faire?

LE PRINCE, *lui présentant la clé.*

Ouvrez cette porte...

WURMSER, *à part.*

Il est perdu!... O mes rapports!...

MORCEAU D'ENSEMBLE.

Musique de M. Mazas.

LE PRINCE, *avec emportement.*
Ouvrez, ouvrez cette porte, vous dis-je.
WURMSER, *à part, regardant la comtesse.*
Hélas! hélas! il faut bien obéir!
FRÉDÉRIC.
Puisque Son Altesse l'exige...
(*A part.*) Enfin, l'amant va donc sortir!
(*Il prend la clé des mains de son oncle, à un geste du prince la met dans la serrure, et donne un tour de clé.*)

LA COMTESSE.
Frédéric!
LE PRINCE.
Vous tremblez, Madame...
Non, plus de doute, un homme est caché là!

(*Il indique la chambre à coucher.*)

LE CHŒUR.

Se pourrait-il, un homme est caché là!

LA COMTESSE.
Grâce! grâce!
FRÉDÉRIC, *à part.*
La pauvre femme!
LE PRINCE, *s'approchant de la porte.*
Je veux le voir...

LA COMTESSE.
Jamais!
LE PRINCE.
Pourquoi cela?
C'est donc un amant?
LA COMTESSE, *à part.*
Quelle honte!
Et je ne puis le démentir!

LE PRINCE.
Est-ce un amant ?
LA COMTESSE, *à part.*
Il faut choisir
Entre mon déshonneur et la perte du comte!
LE PRINCE.
Eh bien?
LA COMTESSE, *à part.*
J'en mourrai !
Mais du moins je le sauverai !

(*Parlé.*) C'est un amant!
TOUS.
Un amant !

SCÈNE XVIII ET DERNIÈRE.

LES MÊMES, LE COMTE.

LE COMTE, *sortant de la chambre.*
Non, Madame, c'est un mari !...
LE PRINCE.
Le comte de Linsbourg !

ENSEMBLE.

LA COMTESSE, WURMSER et FRÉDÉRIC.

Quelle imprudence !
Coup imprévu !
Plus d'espérance !
Tout est perdu !

LE CHŒUR.

Quelle aventure singulière !
Le comte de Linsbourg ici !
De Son Altesse la colère
Pourra bien retomber sur lui !

FRÉDÉRIC, *à part.*
Allons, je n'ai pas de bonheur aujourd'hui !

LE COMTE.

Votre Altesse semble interdite de me voir, je le conçois; mais je ne devais pas souffrir que ma femme sacrifiât pour moi sa réputation... D'ailleurs je désirais depuis long-temps me trouver en votre présence... et Monseigneur avouera que je ne pouvais mieux choisir le moment.

WURMSER.

Moi, j'en aurais pris un tout autre.

LE COMTE.

Si Votre Altesse a pu s'oublier au point de vouloir rendre public le prétendu déshonneur de ma femme, je dois regretter que cette scène n'ait pas eu plus de témoins encore...... car ce n'est pas sur nous qu'en doit retomber le blâme!

LA COMTESSE.

Mon ami, de grâce...

LE COMTE.

Non, Madame, ne me retenez pas; je veux dire au prince tout ce que je pense...... Il est jeune encore, et a besoin d'entendre la vérité... Je l'ai bien dit à son père, qui avait trois fois son âge.

FRÉDÉRIC, *à part.*

Ah! mon dieu, est-ce qu'il va recommencer; gare la rime en ache!

LE PRINCE.

Comte de Linsbourg, vous étiez exilé; vous avez rompu votre ban.

LE COMTE.

J'en conviens... mais je pouvais bien m'exposer à quelques dangers, pour une femme qui en a tant couru pour moi, et que mon souverain a jugé digne de ses hommages.

LE PRINCE.

Savez-vous, Monsieur, que vous avez encouru un châtiment sévère?

LE COMTE.

C'est vrai, aussi je suis aux ordres de Son Altesse...... elle peut me punir de la vertu de ma femme.

AIR : *Epoux imprudent.*

Quand ce matin, d'une audience,
Mon Amélie implora la faveur;

Elle espérait, grâce à votre clémence,
Que son époux renaîtrait au bonheur,
Et vous veniez pour lui ravir l'honneur!
J'ai cru pouvoir braver le rang suprême,
Pour rappeler à votre souvenir
Qu'il faut qu'un prince ait, avant de punir,
Le droit de s'absoudre lui-même!

FRÉDÉRIC, *bas à Wurmser.*

Mon oncle n'aurait pas dit ça... en bonne politique.

LE PRINCE, *prenant la main de Linsbourg.*

Je vous remercie de me le rappeler, aussi je remplirai mon devoir. Comte de Linsbourg, en présence des officiers de sa suite et d'une partie de sa cour, votre souverain vous adresse des excuses sincères... et supplie madame la comtesse de vouloir bien aussi lui pardonner ses torts.

LE COMTE et LA COMTESSE.

Qu'entends-je?

LE PRINCE.

Maintenant je rentre dans mes droits... et je dois avant tout respecter la volonté de mon père... Dès demain vous repartirez pour finir le temps de votre exil, mais vous vous rendrez à la cour de France, où désormais vous serez chargé de représenter votre souverain.

LE COMTE.

A la cour de France!...

LE PRINCE.

Il me faut un homme de mérite, d'un caractère ferme et décidé; je pense que je ne pouvais mieux choisir.

LE COMTE.

Prince... cette confiance...

LE PRINCE.

Vous le voyez, je commence à me corriger; j'écoute les conseils qu'on veut bien me donner, n'importe sous quelle forme... Frédéric!

FRÉDÉRIC, *s'approchant.*

Prince...

LE PRINCE.

De qui tiens-tu cette caricature?

(*Il la tire de sa poche.*)

FRÉDÉRIC, *embarrassé.*

Altesse...

WURMSER.

Ah! mon dieu! (*Bas à Frédéric.*) Si tu me nommes, je te déshérite.

FRÉDÉRIC.

Je puis assurer à Monseigneur que ce n'est que par hasard qu'elle se trouvait... entre les mains de mon oncle.

WURMSER.

Sans doute... je suis incapable...

LE PRINCE.

Je le sais.

WURMSER.

Vous êtes bien bon.

LE PRINCE.

Mais vous devez l'avoir comprise... Voyons, monsieur le conseiller, faites-nous connaître les personnages qu'on a voulu désigner.

FRÉDÉRIC, *bas à Wurmser.*

A votre tour, mon oncle.

WURMSER.

Comment, Monseigneur, vous voulez que je vous désigne les personnages..... Oh! c'est particulier, moi qui saisis toujours si facilement...

LE PRINCE.

Eh bien?

WURMSER.

Je ne comprends pas, Monseigneur; d'ailleurs je pourrais comprendre, que je ne l'oserais jamais.

LE PRINCE.

Au moins vous me direz quel en est l'auteur?

LE COMTE.

C'est moi, Prince.

LE PRINCE, *en riant.*

Eh bien! mon ami, j'espère qu'à présent vous y changerez quelque chose?

LE COMTE.

Comment pourrai-je jamais vous faire oublier...

WURMSER, *la prenant vivement.*

En la déchirant.

LE PRINCE.

Non... Elle aura, j'en suis sûr, un grand succès au palais Ducal... (*A sa suite.*) Messieurs, examinez-là, je me suis reconnu, tâchez de vous reconnaître aussi.

FRÉDÉRIC, *prenant le papier, et le présentant aux officiers.*

Avec un peu de bonne volonté.... ça ne sera pas difficile.

LE COMTE, *à part.*

Allons, décidément il vaut mieux que son père.

LE PRINCE.

Madame la comtesse accompagnera son mari.

LE COMTE.

Soit... Au moins, mon Amélie, on s'amuse en France.

LE PRINCE, *à part, en jetant un regard sur la comtesse.*

Puissé-je parvenir à l'oublier...

LA COMTESSE, *même jeu, en regardant le prince.*

Il m'a soupçonnée, je ne l'aime plus.

FRÉDÉRIC, *à part.*

Allons, encore deux maladresses comme celle-là, et je demande la survivance de mon oncle.

REPRISE DU CHŒUR.

Dans cet humble séjour,
Loin du bruit de la Cour, etc.

(*Le comte et la comtesse s'inclinent devant le prince, qui sort avec toute sa suite.*)

FIN.

www.ingramcontent.com/pod-product-compliance
Lightning Source LLC
Chambersburg PA
CBHW060520050426
42451CB00009B/1087